Gabriela Staebler

WILDE KINDER
Zebras

Wolfgang Mann Verlag

INHALT

1. Wie das Zebra seine Streifen bekam
Eine Sage aus Zentralafrika

Zu Beginn der Schöpfung sahen die Tiere im Savannenland Afrikas alle ziemlich ähnlich aus. Sie waren weiß und trugen weder Hörner noch Mähnen noch Zierrat.

So gefielen sie dem Allmächtigen noch nicht. Also entwarf er Felle und Häute in vielen Größen, Formen, Farben und Mustern. Dazu schuf er verschiedenen Schmuck aus Horn und Haar und brachte alles in eine große Höhle am Ufer eines Sees. Als er fertig war, bat er die Savannentiere, bei Sonnenaufgang zu kommen, um sich etwas Passendes auszusuchen.
Die Einladung löste große Aufregung aus, die Tiere konnten es kaum erwarten, zu sehen, was der Schöpfer für sie angefertigt hatte. Noch vor

Sonnenaufgang machten sie sich auf den Weg. Nur das Zebra hatte mit leerem Magen keine Lust auf eine lange Wanderung und begann in aller Ruhe zu frühstücken. „Geht nur", murmelte es kauend, als es von den anderen zum Mitkommen ermuntert wurde, „ich werde euch folgen, sobald ich satt bin!"

Stunden später trottete es los. Sein Bauch war voll und prall. Als es sich dem See näherte, waren die ersten Tiere schon wieder auf dem Rückweg.
Das Zebra staunte nicht schlecht über ihre Verwandlung.
Der Elefant hatte eine knittrige Haut in edlem Grau gewählt, mit der seine neuen weißen Stoßzähne gut zur Geltung kamen. Auf dem Kopf des Kudus prangte ein kunstvoll geschwungenes Gehörn. Auch der Löwe schien auf sein goldbraunes Fell und die prächtige Mähne sehr stolz zu sein.

So zog einer nach dem anderen in seiner neuen Kleidung an dem verwunderten Zebra vorbei. Vor der Höhle kam ihm als Letztes das Nashorn entgegen. Kurzsichtig, wie es war, hatte es seine Haut mindestens zwei Nummern zu groß gewählt und sich verschieden lange Hörner auf die Nase gesetzt. Trotzdem zeigte es sich sehr zufrieden mit seinem neuen Aussehen.

Als das Zebra endlich die Höhle betrat, war nur noch ein auffallend schwarzweiß gestreiftes Fell übrig. Statt Hörnern fand es eine kurze Pferde-mähne und einen schwarzen Pferdeschwanz. Macht nichts, dachte das Zebra, dem nach der langen Wanderung schon wieder der Magen knurrte. Hauptsache, es passt.
Schnell streifte es das Fell über und schloss den Reißverschluss am Bauch. Es saß wie maßge-schneidert.

Die anderen Tiere hatten sich inzwischen in der Savanne versammelt. Sie bestaunten und be-wunderten sich gegenseitig. Als das Zebra ankam, lachten sie über sein auffälliges Äußeres und fragten scheinheilig, wo es denn seine Hörner habe.

Ohne sich um Spott und Gelächter zu kümmern, begann das Zebra mit großem Appetit zu grasen. Sein Fell passte perfekt und wozu brauchte es Hörner? Was wirklich zählte, war das saftige Grün, von dem es fressen konnte, so viel es nur wollte.

Bis zum heutigen Tag hat das Zebra die Hörner nicht vermisst. Doch es sieht immer gut genährt aus in seinem faltenlosen gestreiften Fell.

2. DIE ERSTEN TAGE

Silbern schimmert das taunasse Savannengras, als die Morgensonne durch die Wolken bricht. Eine Gruppe von Zebras grast friedlich auf der Ebene. Irgendwo heult eine Hyäne. Keines der Tiere hebt den Kopf. Sie fühlen sich sicher.

Der Leithengst der Familie hält nicht weit entfernt Wache. Aufmerksam beobachtet er die Umgebung. Wie Radarantennen orten die aufgestellten Ohren leiseste Geräusche, während die empfindsamen Nüstern sofort den Geruch eines anschleichenden Raubtieres wittern würden.

An diesem Morgen ist er besonders wachsam. Abseits der Herde liegt eine seiner Stuten im Gras, bereit zu fohlen. Nur allzu leicht könnte sie Beute von Raubtieren werden. Bei Gefahr ließe sich die Geburt hinauszögern. Doch der Hengst signalisiert – alles in Ordnung. In wenigen Minuten ist das Kleine geboren und befreit sich strampelnd aus der Geburtshaut. Die Mutter dreht den Kopf zu ihrem Fohlen und leckt ihm, leise wiehernd, über Nüstern und Maul. Nach einer Weile steht sie auf und säubert sorgfältig sein langes weiches Fell, um sich mit dem ureigenen Geruch des Fohlens vertraut zu machen, an dem sie ihren Nachwuchs später selbst bei Nacht oder zwischen vielen anderen Jungtieren erkennen wird.

9

Immer wieder versucht das Fohlen, sich zu erheben. Nach einer Viertelstunde steht es schließlich auf seinen zittrigen Beinen und wagt unbeholfen die ersten Schritte. Eine Stunde später findet es die Zitzen der Mutter und trinkt. Erst als das Kleine einen kurzen Galopp versucht, verlässt der Hengst seinen Wachposten, um mit den anderen zu grasen.

Die Mutter bleibt mit dem Neugeborenen etwas abseits. Nähert sich ein neugieriges Familienmitglied, hält sie es mit eindeutigen Drohgebärden auf Abstand. Das Fohlen muss sich neben Stimme und Geruch vor allem die individuelle Fellzeichnung seiner Mutter einprägen. Zu leicht würde es sonst verloren gehen oder der falschen Stute folgen. Um ihrem Nachwuchs diesen Lernprozess zu erleichtern, wird sie deshalb während der ersten Zeit die anderen Zebras fern halten.

Einige Tage später ist die Herde, wie oft gegen Mittag, unterwegs zu einem Wasserloch. Zielstrebig wandern sie einer hinter dem anderen über das Savannenland. Streng nach Familienhierarchie führt die älteste Stute, gefolgt von ihrem Jungen, die kleine Karawane an. Danach kommen die Rangniedrigeren und deren Fohlen. Der Hengst bildet das Schlusslicht.

Doch kurz vor der Wasserstelle übernimmt er die Führung. Es ist ein gefährlicher Ort. Dichtes Gestrüpp wuchert am Ufer des Teichs und bietet Raubtieren ein ideales Versteck.

Der Hengst bleibt witternd stehen. Er trägt die Verantwortung für seine Herde. Inzwischen drängen andere durstige Zebragruppen nach. Vorsichtig führt der Leithengst seine Familie weiter. Störche und Reiher fischen am seichten Ufer, daneben trinken Warzenschweine. Alles scheint friedlich.

Leise plätschernd waten die Zebras ins Wasser und trinken, ohne die Umgebung aus den Augen zu lassen. Das Kleinste wartet an der Seite seiner Mutter.

Plötzlich bricht Panik aus. Gischt spritzt
hoch. Die Herde flüchtet ans Ufer, galoppiert
in die offene Savanne und verschwindet hinter
wirbelnden Staubfahnen. Die Vögel flattern
mit Gekreische davon und die Warzenschweine
verstecken sich in ihren Erdhöhlen.

Falscher Alarm! Eine einzelne Hyäne erschreckte
die nervösen Tiere, als sie aus einem Schlamm-
loch kroch.

Langsam verstummt das aufgeregte Bellen und Schnauben der Zebras und die Staubwolken legen sich. Nur die junge Zebramutter galoppiert aufgeregt hin und her. Ihre verzweifelten Rufe können nur eines bedeuten: Ihr Junges ist verschwunden! Sofort macht sich der Leithengst auf die Suche.

Das erst wenige Tage alte Fohlen galoppiert inzwischen unbekümmert hinter einer anderen Zebragruppe her. In all der Aufregung und dem Staub hat es die Familien verwechselt. Wird es den Irrtum bemerken?
Als die Tiere zu grasen beginnen, nähert sich der Kleine vertrauensvoll einer der Stuten. Doch ihr Geruch ist ihm fremd und die abweisende Haltung lässt ihn zurückweichen. Ein anderes Fohlen ermutigt ihn zum Spielen, aber dessen Mutter jagt ihn davon. Zaghaft versucht er bei einer Stute zu trinken und erntet sofort Huftritte. Bald zieht die Herde weiter und lässt den kleinen Fremdling verängstigt und verwirrt zurück.

Der Tag neigt sich dem Ende zu und die Rufe des Fohlens klingen immer seltener über das Savannenland. Orientierungslos folgt es eine Weile einer Gnuherde. Dann mischt es sich unter eine Gruppe von Impalas. Am Ende trabt es hungrig und müde allein über die weite Ebene.

Kurz vor Sonnenuntergang vernimmt der Leithengst endlich die Stimme des Kleinen und treibt ihn zurück zur Familie. Sofort erkennt das Fohlen unter all den anderen seine Mutter wieder. Die Stute schnaubt zufrieden und lässt es bereitwillig trinken.

3. DIE HERDE

Nebel steigt aus dem Fluss und verschleiert das Morgenrot. Nach und nach tauchen die Silhouetten der Zebras aus den Schwaden. Es ist still. Die Feuchtigkeit schluckt jeden Laut.

Doch bald zerreißt die Sonne den dichten Dunst. Einzelne Nebelfetzen schweben noch eine Weile zwischen den Bäumen, treiben hoch und lösen sich auf. Als die Strahlen die Baumwipfel erreichen, erwacht die Savanne.

Das Zebrafohlen lauscht dem Gesang eines Karmesinpiepers. Unermüdlich wiederholt der kleine Savannenvogel die Strophen seines Liedes und hofft auf Antwort. Paviane klettern kreischend von den Bäumen und schwärmen zur Futtersuche aus. Neugierig nähert sich das Fohlen. Die Zebramutter ist mit Grasen beschäftigt, doch sie lässt ihren Nachwuchs bei seinen Erkundungen keine Sekunde aus den Augen.

Während der ersten Lebensmonate haben Zebrakinder einen ausgeprägten Spieltrieb. Das Fohlen knabbert am Fell der Mutter und versucht sie zum Wettlauf zu animieren. Aber die Stute grast ruhig weiter. Sie benötigt viel Nahrung, um den Kleinen zu säugen.

Zum Glück gibt es in der Familie einen gleichalterigen Spielgefährten. Schon bald tollen die beiden hintereinander her, beißen sich spielerisch in die Mähnen und machen übermütige Sprünge. Zwischendurch stärken sie sich mit Muttermilch oder knabbern an Grashalmen, um anschließend ein Nickerchen zu machen.

Gegen Mittag verwandelt die Sonne das Land in einen Backofen. Jetzt legen auch die erwachsenen Zebras Ruhepausen ein. Madenhacker landen auf ihrem Rücken und picken Insekten aus dem Fell der dösenden Tiere. Zwei Stuten stehen Seite an Seite, wobei jede eine Richtung überblicken und gleichzeitig der anderen mit dem Schweif die Fliegen aus dem Gesicht wedeln kann.

Ein anderes Paar widmet sich der gegenseitigen Körperpflege. Vor allem Mähne, Nackenseiten, Schulterpartien und der Rücken werden ausgiebig beknabbert. Auch die Stute krault das Fell ihres Fohlens mit zarten Bissen und vermittelt ihm dadurch ein Gefühl von Ruhe und Sicherheit. Unter erwachsenen Tieren ist die wechselseitige Reinigung vor allem Ausdruck ihrer freundschaftlichen Beziehung. Je mehr sie sich zugetan sind, um so öfter und intensiver knabbern sie an dem Fell des anderen.

Der Hengst lässt sich von seiner Lieblingsstute Rücken und Mähne von Parasiten reinigen. Anschließend nimmt er ein ausgiebiges Staubbad. Genussvoll wälzt er sich hin und her, bis die quälenden Insektenschwärme mit den Staubwolken davonfliegen.

Die Herde zieht Richtung Wald, als es zu donnern beginnt. Sturmböen rütteln an den Ästen und brausen durch die Baumkronen. Der Himmel verfinstert sich. Heftiger Regen setzt ein, Hagelkörner prasseln durch das Blattwerk und trommeln auf die Erde. Die Zebras legen die Ohren flach und rücken eng zusammen. Es wird nicht lange dauern, bis die letzten Donner verhallt sind und sich ein Regenbogen von Horizont zu Horizont spannt.

4. DIE GROSSE WANDERUNG

Heiß weht der Wind über die graubraune Ebene der Serengeti.
Es ist Ende Mai. Seit Wochen hat es nicht geregnet. Unter der sengenden
Sonne haben sich die Wasserlöcher in Schlammtümpel verwandelt.
Die einst üppig blühende Grasebene ist nur noch eine dürre Halbwüste.

Zuerst brechen die Zebras auf.
Wie jedes Jahr, wenn die Trockenzeit beginnt,
schließen sich die Familien auf der Suche nach
Wasser und frischem Gras zu einer Wander-
gemeinschaft von vielen tausend Tieren
zusammen. Sie ziehen nach Norden, dem
Regen hinterher. Ihnen folgt das gewaltige
Heer der Weißbartgnus.

Wie ein lebender schwarzweiß gestreifter Teppich
breiten sich die Zebraherden über die Hügel.
Grasend ziehen sie durch fruchtbare Täler und
rasten, wo es frisches Wasser gibt. Tag und
Nacht hallt das Bellen der Hengste über die
Savanne, und der Boden vibriert unter dem
Stakkato unzähliger Hufe. Für manches Fohlen
ist es die erste Reise und der Anfang einer
lebenslangen, gefährlichen Wanderschaft.

Zebras, so weit das Auge reicht. Stuten, Fohlen,
Hengste – wer gehört zu wem? Wer kennt den
Weg?
Tatsächlich bleiben Struktur und Zusammen-
halt der einzelnen Familien auch im größten
Gedränge stabil. Die Menge setzt sich aus einer
Vielzahl von Gruppen zusammen und sie folgen
seit vielen Generationen über Hügel und
Savannenland, durch Täler und Flüsse denselben
uralten Pfaden.

Eines Morgens erreicht die Vorhut der Zebras, ein Hengst mit vier Stuten und drei Fohlen, einen breiten Fluss. Der Strom schneidet ihnen wie eine Barriere den Weg zu den begehrten Weidegründen ab.

Vorsichtig und nach allen Seiten sichernd, wagt sich der Leithengst an die steile Böschung. Als er am Ufer ein großes Krokodil entdeckt, sprengt er erschreckt zurück.

Es ist nicht die einzige Gefahr. Das Wasser hat tückische Strudel und Stromschnellen sprudeln über scharfkantige Felsen. Nicht selten lauern hinter den Büschen am gegenüberliegenden Ufer Raubkatzen.

Inzwischen haben andere Zebragruppen aufgeschlossen und in der Ferne künden Staubwolken von der Ankunft der Gnumassen.
Der Hengst blickt unentschlossen zum Fluss. Wird er trotz all der Gefahren seine Familie durch die Fluten führen? Werden es auch die Fohlen schaffen? Hunderte von Zebras und Gnus drängen nach. Ziellos galoppieren die Herden hin und her, suchen nach möglichen Überwegen. Die Erde dröhnt unter ihren Hufen.

Es gibt kein Zurück. Entschlossen trabt der Hengst ins Wasser und schwimmt voran.
Nach kurzem Zögern folgen ihm seine Stuten. Die Fohlen versuchen eng bei ihren Müttern zu bleiben.
Gedrängt von den nachfolgenden Tieren stürzen sich jetzt auch die Gnus in die Fluten. In wenigen Sekunden gleicht der Fluss einem brodelndem Kessel.

Einige Gnus finden eine sichere Furt unterhalb der Stromschnellen. Die anderen kämpfen um ihr Leben. Gischt sprudelt über ihre Köpfe hinweg. Die reißende Strömung treibt sie an kantige Felsen. Sie schwimmen mit aller Kraft gegen die Wassermassen an. Manche gehen unter, einige werden in der Panik am Ufer zu Tode getrampelt.
Die Zebras sind kräftiger. Umgeben von vor Angst blökenden und schnaubenden Gnus bleiben sie ruhig.

Doch da gerät eines der Fohlen in einen Strudel und wird mitgerissen. Während es verzweifelt gegen die Strömung ankämpft, löst sich ein Schatten aus dem Uferbereich. Pfeilgerade gleitet die Panzerechse auf das Zebra zu, nur ihre höckerförmige Schnauze ragt aus dem Wasser. Bevor das Krokodil das Fohlen erreicht, taucht es unter. Sekunden vergehen. Dann schnellt es jäh aus der Tiefe, packt blitzartig zu und zieht seine Beute unter Wasser.

Inzwischen hat die Fohlenmutter das Ufer erreicht und kämpft sich zwischen taumelnden, stolpernden Gnus über die glitschigen Steine. Sie blickt sich um. Wo ist ihr Fohlen? Während der Hengst auf seine Familie wartet, schwimmt die Stute zurück. Mutig keilt sie im Wasser gegen ein angreifendes Krokodil aus. Das Reptil lässt von ihr ab. Doch ihre Suche ist hoffnungslos. Das Fohlen taucht nicht mehr auf. Völlig erschöpft folgt sie schließlich dem Ruf des Leithengstes und erreicht mit letzter Kraft ihre Herde.

Plötzlich kehrt Ruhe ein. Der Strom der Nachfolgenden reißt ab. Jene, die die Flussüberquerung überlebt haben, ziehen ruhig weiter. Nur die Familie der Zebramutter steht noch unschlüssig am Ufer. Immer wieder ruft der Hengst mit bellenden Lauten nach dem verlorenen Fohlen. Doch seine Stimme verhallt ungehört.

Erst als die Sonne hinter den Hügeln
versinkt, folgen auch sie den voranziehenden
Herden zu neuen fruchtbaren Weiden.

5. Der Kampf der Hengste

Der Leithengst flehmt. Tief zieht er den verräterischen Duft in Nase und Rachen ein. Es besteht kein Zweifel, eine junge Stute seiner Herde ist rossig. Das bedeutet für ihn doppelte Wachsamkeit. Der verlockende Geruch wird andere Hengste anziehen.

Der Ärger lässt nicht lange auf sich warten. Eine fremde Zebragruppe nähert sich. Es sind fünf Jungtiere, die von einem erwachsenen Hengst angeführt werden.

Fast alle männlichen Zebras verlassen im Alter von ein bis drei Jahren ihre Herde und schließen sich anderen Junggesellen an. Übermütig erproben sie in Wettrennen und Scheinkämpfen ihre Kräfte. Bei den Rangeleien werden alle Kampfrituale angewendet, aber immer nur in angedeuteter, spielerischer Form und ohne sich zu verletzen. Durch gegenseitiges zartes Nackenbeißen versichert man sich in den Kampfpausen immer wieder seiner Freundschaft. Doch die Übungen dienen letztendlich nur einem Zweck: eines Tages eine Stute zu entführen und mit ihr eine Familie zu gründen. Oder sogar einen Leithengst im Kampf zu besiegen und dessen Herde zu übernehmen.

Langsam grast die Junggesellengruppe auf die Zebrafamilie zu. Längst haben sie den Geruch der rossigen Stute wahrgenommen. Als diese von den aufgeregten Neuen beschnuppert wird, zeigt der Leithengst mit angelegten Ohren und angedeuteten Bissen, wer der Herr im Hause ist, und jagt die Rivalen davon.

Doch der Anführer der Junggesellen lässt sich nicht vertreiben. Er ist fast fünf Jahre alt. Höchste Zeit für ihn, einen eigenen Harem zu gründen. Mutig fordert er den Anführer der Stuten zum Kampf. Der richtet sich in seiner ganzen Größe auf, schüttelt wütend die Mähne, schwenkt den Nacken auf und nieder und bleckt die Zähne, als wolle er den Gegner beißen. Dazu peitscht er mit dem Schwanz und stampft mit dem Vorderfuß auf den Boden.

Doch diesmal sind alle Drohgebärden und Einschüchterungsversuche erfolglos. Der Kampf lässt sich nicht vermeiden.

Angriffslustig beginnen sich die Konkurrenten zu umkreisen. Beide lassen sich gleichzeitig auf die Knie fallen und versuchen, in die Hinterbeine des Gegners zu beißen. Jäh bäumen sie sich auf und hämmern mit den Hufen aufeinander ein. Während sich die Hengste wütend bekämpfen, nutzt eines der fremden Zebras den günstigen Moment, die unbewachte Stute zu entführen.

Indes geht der Kampf mit unverminderter Heftigkeit weiter. Der junge Angreifer erkennt jedoch bald, dass er Kraft und Geschicklichkeit des älteren Leithengstes unterschätzt hat. Ein schmerzhafter Biss in den Hals – und er gibt auf.

Blitzschnell wendet er sich um und schlägt mit beiden Hinterbeinen aus. Der Leithengst entgeht dem gefährlichen Tritt nur um Millimeter. Mit gestrecktem Hals verfolgt er den nun fliehenden Rivalen eine kurze Strecke. Schließlich akzeptiert er die Flucht als Kapitulation.

Seine Herde wartet auf ihn. Erschöpft kehrt er zu ihnen zurück. Prellungen und Bisswunden schmerzen. Er hat ein Familienmitglied an einen der fremden Hengste verloren, doch seine Position innerhalb des Harems ist bestätigt.

Die älteste Stute schnaubt freundlich und reibt den Kopf an seinen Flanken. Dann führt sie die Herde zu den offenen Kurzgrasebenen, wo sie einigermaßen geschützt vor Raubtieren die Nacht verbringen werden. Die Fohlen galoppieren munter um ihre Mütter.
Der Hengst folgt, zur Sicherheit seiner Familie, am Schluss.

6. WISSENSWERTES VON A-Z

zum **Steppenzebra**
(Equus quagga)

Alter
Steppenzebras werden in freier Wildbahn 15 bis 20 Jahre alt.

Arten
Zur Gattung „Equus" gehören sechs Arten: Bergzebra, Steppenzebra, Grevyzebra, Wildesel, Halbesel und Urwildpferde. Nur das Steppenzebra ist heute in seinem Bestand nicht bedroht. In Afrika gibt es drei Zebra-Arten: Steppenzebra (Equus quagga), Bergzebra (Equus zebra) und das Grevyzebra (Equus grevyi).
Die heute noch existierenden Unterarten des Steppenzebras sind das Böhm-, Selous-, Chapman- und Damarazebra.
Bei den Bergzebras findet man zwei Unterarten, das Kapland-Bergzebra und das Hartmann-Zebra.
Das Grevyzebra unterscheidet sich von den beiden anderen Zebra-Arten durch einige Besonderheiten:
Es ist größer, hat auffallende fledermausartige Ohren, eng gesetzte dünne Streifen, einen weißen Bauch und ein hellbraunes Maul.
Man findet diese Art hauptsächlich in Nordkenia und im Süden von Äthiopien. Grevys überleben selbst in unfruchtbaren wüstenartigen Gebieten, wo sie mit ihren Hufen in trockenen Flussläufen nach Wasser graben. Ihre Stimme ähnelt der eines Esels. Auch ihr Sozialleben weist große Unterschiede zu dem anderer Zebras auf. Die Familie besteht aus fünf bis zehn Stuten und ihren Fohlen, es gibt keinen Leithengst.
Im Gegensatz zu den nomadisierenden Steppenzebras sind Grevys territorial, d. h. sie bewegen sich in einem bestimmten Revier, das sich meist mit dem von Hengsten überlappt. Die einzige feste Sozialbindung besteht zwischen Mutter und Kind. Die Zusammensetzung der einzelnen Gruppen ist nicht stabil. Territoriale Hengste verteidigen ihr Revier gegen Rivalen, markieren es mit Urin und Dung. Fohlen werden manchmal in einer Art Kindergarten zurückgelassen, während die Mütter weite Strecken zurücklegen, um zu trinken.
Zwischen Steppenzebras und Grevys finden keine Paarungen statt.

Bewegung
Wie bei Pferden unterscheidet man bei Zebras drei Gangarten: Schritt, Trab, Galopp. Zebras erreichen eine Spitzengeschwindigkeit von etwa 65 km/h.

Familie / Herde
Steppenzebras sind gesellige Tiere und führen ein Nomadenleben. Im Sozialgefüge gibt es die Harems- und die Junggesellenherde. Einzeln lebende Tiere sind die Ausnahme.

Große Herden geben den Eindruck eines ungeordneten Haufens, sie bestehen jedoch aus vollkommen selbstständigen Familiengruppen, den so genannten Haremsherden.

Die durchschnittliche Familie setzt sich aus einem Leithengst und bis zu sechs Stuten sowie deren Fohlen zusammen. Der Harem ist meist dauerhaft und bleibt auch konstant, wenn der Hengst ausgetauscht wird.

Nur Jungtiere wechseln ab einem gewissen Alter ihre Familien. Ein- bis zweijährige Stuten werden in der Rosse durch fremde Hengste von ihrer Familie getrennt bzw. entführt. Fast alle männlichen Tiere verlassen ihre Familie mit ein bis drei Jahren, um sich einer Junggesellenherde anzuschließen.

Feinde

Hauptsächlich Löwen, aber auch Hyänen und Wildhunde zählen zu den Feinden. Fohlen werden manchmal Beute von Leoparden und Geparden. Krokodile können den Tieren bei Flussüberquerungen gefährlich werden.
Der Mensch hat bereits einige Zebra-Arten ausgerottet. Auch heute noch ist der Landhunger des Homo sapiens die größte Bedrohung für die Zebras.

Fell

Das kurze glänzende Fell der Steppenzebras ist weiß mit breiten schwarzen Streifen. Breite und Deutlichkeit der Streifen verringert sich bei den einzelnen Unterarten entsprechend ihrer Verbreitung von Norden nach Süden. Sie variiert auch zwischen den einzelnen Arten:
Das Grevyzebra z. B. hat zahlreiche sehr schmale Steifen und einen ungestreiften Bauch, das Bergzebra eine breite Streifung sowie kleine Querstreifen von der Kruppe bis zur Schwanzwurzel. Das Chapmanzebra dagegen weist zwischen den schwarzen Streifen braune Schattenstreifen auf.

Jedes Zebra hat jedoch ein individuelles, einzigartiges Muster; auch die rechte und linke Seite des Tieres ist unterschiedlich gestreift. Das Muster setzt sich in der kurzen bürstenartigen Mähne fort.

Das Fell der Hengste ist im Vergleich zu dem der Stuten dunkler und glänzender. Die Behaarung des Fohlens ist zwei bis drei Zentimeter lang mit besonderer Dichte auf Kruppe und Hinterteil. Nach einem Monat dunkelt das hellbraun gestreifte Fohlenfell nach.

Neben gegenseitigem Fellknabbern und regelmäßigen Staubbädern helfen gegen Parasiten auch Madenhacker-Vögel, die Insekten aus dem Fell der Tiere picken.

Flehmen

Der Hengst zieht den Geruch der Stuten in Nase und Rachen ein und verschließt seine Nüstern mit der Oberlippe. Dadurch wird der Geruch im Nasen- und Rachenraum festgehalten und darin verteilt. Am Gaumendach befinden sich spezielle Vertiefungen, das so genannte Jacobsonsche Organ, das dazu dient, Pheromone (tierische Duftstoffe) zu analysieren.

Fohlen

Fohlen wiegen bei der Geburt 30 bis 35 kg. Schon nach etwa 45 Minuten können sie galoppieren. In den ersten Wochen trinken sie nur Milch und werden ausschließlich von der eigenen Mutter gesäugt. Ca. 15 Tage nach der Geburt beginnen sie Gras zu fressen, bekommen jedoch mindestens bis zum siebten Monat und höchstens bis zu der Geburt des neuen Fohlens nach zwölf Monaten Muttermilch. Fohlen wachsen sehr schnell und legen während der ersten zwei Monate täglich ca. ein Pfund an Gewicht zu.

Fortpflanzung

Jungstuten erreichen ihre Geschlechtsreife mit ein bis zwei Jahren, werden aber frühestens mit zweieinhalb Jahren trächtig. Die Tragzeit beträgt ungefähr zwölf Monate.
Schon eine Woche nach der Geburt ihres Fohlens ist die Stute wieder rossig und könnte somit unter besten Bedingungen jährlich ein Fohlen bekommen.

Fürsorge

Der Leithengst wacht unermüdlich über seine Herde, hält sie zusammen, schützt sie vor Rivalen und verteidigt sie nach Möglichkeit gegen Raubtiere.
Geht ein Familienmitglied verloren, macht sich der Hengst auf die Suche.
Kranke oder verletzte Tiere werden niemals zurückgelassen. Die Gruppe passt ihre Flucht- und Wandergeschwindigkeit dem schwächsten Familienmitglied an.

Geburt

Während die Stute fohlt, liegt sie auf der Seite. Der Hengst ist gewöhnlich in der Nähe, die restliche Herde grast nicht weit entfernt.

Die Geburt selbst dauert maximal 10 Minuten. Das Fohlen befreit sich selbst aus der Geburtshaut. Meist steht es nach 15 Minuten, geht wenig später, galoppiert nach 45 Minuten und trinkt bei der Mutter nach spätestens einer Stunde.
Die Stute leckt es ab und kaut die Geburtshaut, frisst sie aber nicht. Sie hält während der ersten Tage alle anderen Zebras vom Neugeborenen fern, da das Fohlen in dieser Zeit jedem folgen würde. Außerdem ist es für das Neugeborene lebenswichtig, sich Geruch, Stimme und Zeichnung der Mutter einzuprägen. Zwischen Mutter und Kind besteht eine sehr enge Bindung, bis ein neues Fohlen (meist nach einem Jahr) geboren wird.
Die Geburtenrate steht in enger Beziehung zur Regenzeit. In Nordtansania finden z. B. zwei Drittel aller Geburten während der nahrungsreichen Monate Januar bis März statt.

Gewicht / Größe

Steppenzebras haben eine Schulterhöhe von 1,2 bis 1,4 m. Sie wiegen 230 bis 330 kg. Größe und Gewicht der Stuten sind um ca. 10 % geringer als bei den Hengsten.

Grooming

Grooming nennt man das gegenseitige Fell-kratzen, -nagen oder -knabbern mit Schneide-zähnen und Lippen an Hals, Nacken, Schulter und Hinterteil. Meist stehen dabei zwei Zebras eng beisammen, mit entgegengesetzter Blickrichtung.

Dieses Verhalten drückt die freundliche Gesin-nung zweier Zebras aus und dient der Sozial-bindung, dem Aggressionsabbau und der Bestätigung innerhalb der Rangordnung. Außerdem sorgt es für saubere Haut und gepflegtes Fell an Stellen, die das Tier selbst nicht erreichen kann.
Gegroomt wird zwischen wenigen Minuten und einer halben Stunde.
Außer Stute mit Stute (selten) groomt inner-halb der Familie jeder mit jedem. Fremde Tiere groomen sich nicht.

Harem

Um seinen Harem zu gründen oder zu erweitern, entführt der erwachsene Hengst eine Jungstute aus einer bestehenden Familie. Dabei muss er meist mit dem dominanten Hengst kämpfen.

Die „Neue" wird von den anderen innerhalb eines bereits bestehenden Harems die erste Zeit feindselig behandelt und auf Distanz gehalten. Der Leithengst beschützt sie, bis sie von den anderen akzeptiert wird.

Hengste

Mit ca. zweieinhalb Jahren haben männliche Zebras die Geschlechtsreife erreicht, aber erst ab dem fünften Lebensjahr versuchen sie, einen eigenen Harem zu gründen.

Der Hengst ist das dominierende Mitglied der Familie. Die Leitstute bestimmt im Normalfall Tagesablauf oder Wanderrichtung. Der Hengst kann jedoch jederzeit die Führung übernehmen oder die Stute in die von ihm gewünschte Richtung drängen.

Der Leithengst sorgt für die Fortpflanzung innerhalb seiner Familie, hält die Tiere zusammen, verteidigt sie gegen Rivalen und beschützt sie nach Möglichkeit auch vor Raubtieren. Alte oder kranke Leithengste werden ohne größeren Kampf von jungen Hengsten entmachtet. Sie schließen sich dann wieder Junggesellengruppen an oder ziehen alleine umher.

Junggesellenherde

Die männlichen Jungtiere verlassen zwischen ein und drei Jahren freiwillig ihre Familie, um sich mit anderen Junghengsten zusammenzuschließen.

In der so genannten Junggesellenherde üben sie bei Kampfspielen und Wettrennen ihre Kraft und Geschicklichkeit.
Diese Herden bestehen meist aus bis zu zehn Tieren; die Rangordnung ist abhängig vom Alter. Der älteste Hengst führt die Gruppe an.

Kämpfe

Kämpfe finden unter rivalisierenden Männchen nach einem bestimmten Ritual statt.
Die Hengste versuchen jedoch, direkten Auseinandersetzungen, bei denen sie beide verletzt werden könnten, durch Droh- oder Einschüchterungsgebärden aus dem Weg zu gehen.
Führt dies zu keinem Erfolg, fordern sie den Gegner heraus (kurzer Nasenkontakt, abruptes Kopfheben, Schütteln der Mähne, Aufstampfen, kauende Mundbewegungen).
Sie umkreisen sich, versuchen, dem Gegner in Beine, Hals oder Kopf zu beißen und hetzen hintereinander her.
Die Rivalen bäumen sich auf und schlagen mit den Hufen aufeinander ein. Häufig lassen sie sich auch auf die Knie fallen, um die Beine vor Bissen zu schützen.

Zebras kämpfen niemals bis zum Tod – der Verlierer hat die Möglichkeit, seine Niederlage durch Demutshaltung oder Weglaufen zu bekunden. Stuten kämpfen nicht.

Kommunikation

Zebras kommunizieren miteinander durch Laute und Körperhaltung.

Sie verfügen über verschiedene Rufe:
Der Kontaktruf klingt wie eine Mischung aus Hundegebell und Eselsgeschrei. Sie schnauben laut bei drohender Gefahr oder Nervosität. Bei akuter Gefahr stoßen sie einen kurzen schrillen Ruf aus und alarmieren damit alle anderen Tiere.
Ein ähnlicher, aber lang gezogener Laut ist bei Schmerz, Furcht oder Bedrohung zu hören. Leises Schnauben durch die Lippen verrät Zufriedenheit.

Stoßen Fohlen ihre typischen langen Wehklagelaute aus, kommen sofort Stute oder Hengst zu Hilfe.

An Körper- und Schweifhaltung, Stellung der Ohren, Kopfbewegung und Gesichtsmimik einschließlich Lippenbewegung lassen sich verschiedene Emotionen ablesen.

Lebensraum

Steppenzebras bevorzugen offenes Savannenland mit teilweise hohem Gras, baumlose Kurzgrasebenen, Waldgebiete und halbtrockenes Buschland. Das Vorkommen von Wasser ist lebensnotwendig.

Grevyzebras haben sich in ihrer Entwicklung an das Leben in Halbwüsten und trockenen Baumsteppen angepasst. Bergzebras gibt es noch in sehr geringer Anzahl im südafrikanischen Bergland.

Nahrung

Um genügend Nahrung zu bekommen, verbringen Zebras bei Tag und Nacht 60 % bis 80 % ihrer Zeit mit Fressen. Das Futter wird mit den Schneidezähnen abgegrast. Zebras sind keine Wiederkäuer.

Die anpassungsfähigen Tiere weiden kurzes grünes und während der Trockenzeit grobes hohes Gras mit Samenständen, außerdem auch Rinde und Wurzeln. Natürliche Salzlecken werden wegen der wichtigen Mineralstoffe häufig aufgesucht.

Paarung

Trotz vieler Besteigungen erlaubt die Stute erst während des Höhepunktes ihrer Rossigkeit dem Hengst die Kopulation, die ungefähr eine bis vier Minuten dauert. Dabei zeigt sie das so genannte „Rossigkeitsgesicht" (Ohren nach hinten angelegt, Lippenecken hochgezogen, kauende Mundbewegung). Eingeführt wurde der Begriff von dem bekannten Zebraforscher Prof. Hans Klingel.

Normalerweise kreuzen sich die verschiedenen Zebra-Arten nicht untereinander.

Population

Obwohl Zebras zu Tausenden in jenen ostafrikanischen und südafrikanischen Gebieten ausgerottet wurden, die heute landwirtschaftlich genutzt werden, gibt es z. B. im Serengeti/Mara-Ökosystem noch ca. 250.000 Steppenzebras, im Ngorongoro-Krater leben ca. 6.000. Das Bergzebra Süd- und Südwestafrikas und das Grevyzebra im Norden Kenias, in Somalia und Süd-Äthiopien sind vom Aussterben bedroht.

Rangordnung

Die strenge Rangordnung innerhalb einer Familien-Herde ist an der Marschordnung deutlich zu erkennen. Die dominante Stute führt die Gruppe an, gefolgt von den rangniederen Stuten. Versucht eine dieser Stuten zu überholen, wird sie durch Drohgebärden zurückgedrängt. Die Fohlen haben den gleichen Rang wie ihre Mutter, halten sich jedoch bei der Wanderung nicht strikt an die Rangordnung, da sie gerne an der Seite eines Gleichaltrigen gehen. Stuten erkämpfen sich ihren Rang nicht, neue Stuten der Herde erhalten automatisch den niedrigsten.

Der Hengst ist der „Besitzer" der Herde, hat aber in der Marschordnung keinen besonderen Platz. Allerdings kann er die Richtung beeinflussen und bei Bedarf die Spitze übernehmen.

Rituale

Neben Kampfritualen gibt es bei den männlichen Steppenzebras auch Begrüßungsrituale: Die Hengste gehen aufeinander zu, berühren sich mit den Nüstern, beschnuppern sich. Aufgestellte Ohren und leichte Kaubewegungen mit dem Maul begleiten das Ritual. Danach stehen sie Seite an Seite und reiben Schulter und Flanken aneinander. Die Genitalregionen werden berochen, ein kurzer Sprung mit zurückgeworfenen Nacken und man trennt sich wieder.

Rosse

Junge Stuten werden im Alter von 13 bis 15 Monaten zum ersten Mal rossig. Sie urinieren häufig, zeigen durch bestimmte Stellung (gespreizte Hinterbeine, gehobener Schweif) ihre Rossigkeit und locken auch mit Duftstoffen (in Dung und Urin) jeden Hengst der Umgebung an. Manchmal kämpfen über ein Dutzend Rivalen um eine Stute, während der Familienhengst sie zu verteidigen sucht.

Nur junge Zebrastuten zeigen ihre Rossigkeit so offensichtlich – mit dem Ergebnis, dass sie meist entführt werden und somit Inzucht vermieden wird. Ältere Harems-Stuten verbergen ihre Rossigkeit vor fremden Hengsten und paaren sich während des Höhepunktes ihrer Rossigkeit mit ihrem Leithengst. Die Rossigkeit dauert bei jungen Stuten ca. eine Woche, bei älteren nur wenige Tage.

Säugen

Fohlen werden nur von ihrer eigenen Mutter durchschnittlich bis zum siebten Monat, höchstens jedoch bis zur Geburt eines neuen Fohlens (nach einem Jahr) gesäugt.

Schlaf

Von 24 Stunden verbringen Zebras ca. sieben Stunden dösend und schlafend. Sie sind dabei an keine bestimmte Tages- oder Nachtzeit gebunden und schlafen auch nicht an einem Stück. Kurze, aber tiefe Schlafphasen wechseln sich mit Dösen und Nahrungsaufnahme ab. Fohlen legen sich beim Schlafen nieder, erwachsene Tiere „sitzen" oder stehen lieber. Ein Zebra der Herde hält immer Wache.

Spiel

Das Spiel ist wichtig für die Entwicklung des Fohlens.

Während sich die Mütter selten an den Rennspielen beteiligen, tollen die Jungtiere mit Gleichaltrigen herum oder versuchen Vögel, Gazellen oder Mangusten (Schleichkatzen) in ihr Spiel einzubeziehen.

Stammbaum

Von den vielfältigen und zahlreichen Gattungen der Vorzeit aus der Familie der Einhufer existiert heute nur noch eine: Equus.

Zebras sind entfernte Nachkommen eines vor ca. 60 Millionen Jahren lebenden fuchsgroßen Tieres, dem Hyracotherium, das in den Urwäldern lebte.

Es war in ganz Asien verbreitet und gelangte über die damalige Landbrücke nach Amerika. Nachdem sich die „Pferdeartigen" dort angesiedelt hatten und in Eurasien ausgestorben waren, kehrten sie wieder nach Asien, Europa und Afrika zurück. Von diesen Vorfahren lassen sich die heutigen Zebras ableiten.

Staubbad

Zebras wälzen sich regelmäßig im Staub, um ihr Fell von Parasiten zu reinigen, durch die Staubpartikel die Sonnenreflexion zu erhöhen und sich Kühlung zu verschaffen. Steppenzebras rollen sich dabei über den Rücken von einer Seite zur anderen.

Streifen

Zum Sinn der Zebrastreifen gibt es mehrere Theorien:

1. Das individuelle Muster ist eine Art Strichcode, der von jedem anderen Zebra wieder erkannt wird, was besonders für Fohlen in den ersten Tagen lebensnotwendig ist.

2. Zebras fliehen bei Gefahr gemeinsam. Durch das Streifengewirr wird das angreifende Raubtier irritiert und kann ein einzelnes Zebra kaum fixieren.

3. Die schwarzweißen Streifen regulieren die Hitze.

Der Temperaturunterschied zwischen Schwarz und Weiß verursacht lokale Strömungen und damit Kühlung.

4. Im Dunst und in der flimmernden Hitze verschmelzen die gestreiften Zebrakörper zu einer monochromen Masse, verursachen eine optische Täuschung, sind Tarnung; Konturen lösen sich auf.

5. Tsetsefliegen bevorzugen große einfarbige Flächen. Zebras werden nachweislich von diesen stechenden Insekten weniger als andere Grasfresser belästigt.

Stuten

Sie verlassen unfreiwillig ihre Familie, indem sie während ihrer ersten Rossigkeit im Alter von ein bis zwei Jahren von fremden Hengsten entführt werden. Entführungen wiederholen sich jedes Mal, wenn die Jungstute rossig ist. Erst mit ca. zweieinhalb Jahren ist die Stute fortpflanzungsfähig und wird von einem erwachsenen Hengst entführt, der sie seinem Harem einreiht oder eine Familie mit ihr gründet. Wenn Stuten ihr erstes Fohlen bekommen, sind sie bereits Mitglied eines Harems und wurden vom Leithengst gedeckt.

Erwachsene Stuten bleiben meist für immer in ihrem Harem, auch wenn der Leithengst eines Tages ausgetauscht wird.

Die älteste Stute (Leitstute) bestimmt den Tagesablauf und wählt Fress- und Schlafplätze und Tränken aus.

Trinken

Unter allen Grasfressern der Savanne sind Steppen-Zebras am meisten vom Wasser abhängig. Sie trinken regelmäßig und während der Trockenzeit täglich, da in der Nahrung nur wenig Flüssigkeit enthalten ist.

Verbreitung

Abhängig von Wasservorkommen und Nahrungsangebot sind Afrikas drei Zebra-Arten heute hauptsächlich in den Nationalparks und Reservaten vom südlichen Sudan im Norden bis zur Kap-Provinz im Süden Afrikas und in Südwestafrika vertreten.

Verteidigung

Entdecken die Zebras ein Raubtier, formt die Herde einen Halbkreis, um die Gefahr im Auge zu behalten. Ihre wachsame Haltung und ihr Schnauben alarmiert auch andere Tiere. Manchmal nähern sie sich dem Feind, um ihn zu beobachten, halten dabei jedoch Fluchtdistanz.
Wird die Herde angegriffen, fliehen die Tiere gemeinsam, die Fohlen in der Mitte, der Hengst als Schutz immer am Schluss.
Er wehrt den Angreifer nach Möglichkeit durch Beißen und kräftiges Ausschlagen ab. Fohlen und Stuten können so entkommen.

Wanderung

Das Leben der Zebras ist eine einzige lange Wanderung. Täglich legen sie zwischen ihren Schlafplätzen, Wasserlöchern und Weiden viele Kilometer zurück.
In der Serengeti ist die jährliche Migration jedoch ein besonderes Naturschauspiel: Ein Heer von ca. 1,4 Millionen Gnus und 200.000 Zebras folgt jedes Jahr zu Beginn der Trockenzeit den Regenfällen nach Nordwesten bis zum Mara-Gebiet in Kenia. Dort streifen sie vier Monate über die Weiden, bevor sie Ende Oktober den Rückweg zur inzwischen wieder grünen Serengeti antreten. Auf diesem langen Trail legen die Tiere ca. 3.000 km zurück.

Zukunft

Aufgrund der großen und zunehmenden Bevölkerung Afrikas werden Zebras eines Tages wahrscheinlich ausschließlich in Reservaten, Naturparks, Gehegen oder auf privatem Farmland zu finden sein.

NACHWORT

Je länger ich mich mit dem Leben der Zebras in Tansanias Serengeti und Kenias Masai Mara Naturreservat beschäftigte, umso mehr wuchs meine Bewunderung für diese Tiere.

Zebras sind intelligent, feinfühlig, friedliebend und fürsorglich. Im Moment der Gefahr zeigen sie beachtlichen Mut und Zusammenhalt. Ihr Sozialleben ist von starken individuellen Bindungen und interessanten Ritualen geprägt.

Am meisten bewundere ich jedoch, dass sich die „wilden Pferde Afrikas" niemals domestizieren ließen.

Gabriela Staebler

Foto: Peter Eggensberger

Die Deutsche Bibliothek - CIP-Einheitsaufnahme

Ein Titeldatensatz für diese Publikation
ist bei Der Deutschen Bibliothek erhältlich.

© Copyright Middelhauve Verlags GmbH, D-81675 München,
für Wolfgang Mann Verlag, D-10711 Berlin
Alle Rechte vorbehalten, auch die des auszugsweisen Abdrucks,
gleich welcher Medien

Printed in Germany

ISBN 3-358-02901-8